LETTRE

DE MONSIEUR LE COMTE

PHILIPPE DE COBENTZL,

A MONSIEUR

LE GÉNÉRAL MACK,

En date du 9 Brumaire an XIV;

PRIX: DIX SOLS.

A PARIS,

Chez tous les Marchands de Nouveautés.

FRIMAIRE AN XIV.

LETTRE

De M. le Comte PHILIPPE DE COBENTZL,

Á M. le Général MACK,

En date du 9 Brumaire an XIV.

MONSIEUR LE GÉNÉRAL,

Vous serez étonné, peut-être, de recevoir une lettre de moi; mais mon séjour en France, malgré les hostilités depuis long-tems commencées en Allemagne, est un événement si extraordinaire, que j'ai cru devoir vous écrire ma justification, afin que vous ayez la bonté de la faire passer à sa Majesté, notre Empereur et Roi. Je n'aime point la France, je l'avoue, et par mon caractère public je ne dois point l'aimer sans doute; mais Paris est un lieu de délices où je me plais infiniment. Je passe presque toutes mes soirées au château de la Muète, chez madame Grand, épouse de son Excellence le Ministre des Relations extérieures : ses soupers sont si agréables! on y fait si bonne chère! on y trouve de si jolies femmes! elle-même est si jolie et si aimable! et les Parisiens sont si bons à force d'être bêtes! depuis que j'habite Paris, M. le Général, je me crois dans les jardins d'Armide. Pourquoi faut-il que je quitte un séjour délicieux et enchanté, où à peu de frais on trouve toutes les jouissances, où pour être heureux complètement, on n'a qu'à vouloir l'être ?

Les Anglais avaient signé le traité d'*Amiens*, les Allemands avaient approuvé et ratifié le traité de *Luneville*. Je savais bien que ces signatures, approbations et ratifications, n'étaient que des billevesées et des tromperies; je savais bien que le cœur du roi George avait tacitement désavoué ce que sa main avait écrit, et que notre auguste Empereur François second avait menti à sa conscience, en faisant signer par son Ministre le traité de *Luneville*. Mais je croyais aussi que le gouvernement Français serait plus long-tems dupe de notre astuce diplomatique; et puisque je n'ai rien de caché pour vous, M. le Général, je croyais, soit dit entre nous, qu'à force de manèges, de ruses et de finesses, je parviendrais à attirer jusques dans Paris l'armée des Russes et des Autrichiens; et comme vous aviez pompeusement annoncé que vous viendriez tout victorieux et tout couvert de lauriers, vous débotter vous-même à Paris, sur la place du Carouzel, je croyais assister moi-même à votre débotté, et pouvoir essuyer d'une main respectueuse, la sueur de votre noble front, et baiser la poussière de vos pieds. Qu'on est malheureux d'avoir à faire à des gens dont la franchise brutale dédaigne de pénétrer avec nous dans le labirinthe de la diplomatie ! Qu'on est malheureux d'avoir à faire à des gens qui aiment mieux se battre que négotier, et qui manient mieux l'épée que la plume!

J'ai eu beau louer un hôtel magnifique, et faire un bail de trois, six, neuf, comme le disent les avocats ; j'ai eu beau répondre à l'Empereur des Français, lorsqu'il m'a interrogé sur ce que je faisais à Paris, que je faisais des *plantations* dans mon jardin ; j'ai eu beau sur-tout répandre le bruit que j'étais brouillé avec la cour de Vienne, et que S. M. l'Empereur François II ne me recevrait plus en Autriche, si je m'avisais d'y retourner ; personne n'a voulu me croire ; tout le monde a dit que j'étais un tartuffe, un hypocrite, un fourbe payé par l'or des Anglais. Moi payé par l'or des Anglais!.... Quelle calomnie!.... Moi qui suis la bonté, la probité et la candeur même!... Quel malheur d'avoir à faire à un diable d'homme comme NAPOLÉON BONAPARTE, qui ne veut jamais entrer en *pourparler*, et qui, semblable à Alexandre, coupe le nœud gordien, au lieu de le *dénouer*!

Après tous ces moyens employés inutilement, il me restait une seule ressource, c'était de faire courir le bruit que M. de la Rochefoucault, ambassadeur de France à Vienne, avait encouru la disgrace de Napoléon, et qu'il ne pourrait pas revenir en France, parce qu'il s'était montré l'ami de la cour de Vienne. J'ai donné beaucoup de guinées aux aboyeurs des cafés de Paris, pour accréditer ce bruit ridicule. Quelques gobe-mouches l'ont cru, et grâces à mes guinées, l'ont fait croire à d'autres gobe-mouches. Mais, ô calamité aussi inconcevable qu'imprévue!... je viens d'apprendre que M. de la Rochefoucault est toujours resté fidèle à la France, sa patrie, et que lui et moi allons être échangés, lui pour revenir à Paris, et moi pour retourner à Vienne!... Quel malheur d'avoir à faire à ces maudits Français, qui, soit dans les cabinets, soit dans les camps, en savent autant et plus que nous! *Que je hais les Romains!* disait Mitridate; et moi je dis: *Que je hais les Français!* Je crois que Mitridate et moi avons en raison respectivement; cependant Mitridate fut vaincu, et je craindrais bien que pareil événement ne nous pendît à l'oreille, si vous n'étiez point, M. le Général, à la tête des armées Autrichiennes.

Vous avez fait des prodiges de valeur dans votre campagne de Naples, et la ville de Rome vous compte au nombre de ses héros pour la manière noble et glorieuse dont vous vous êtes emparé du château Saint-Ange. Mes exploits passés, me direz-vous peut-être, monsieur le Général, auraient dû vous donner les plus belles espérances pour mes exploits futurs, et vous auriez dû m'attendre à Paris sur la place du Carouzel, selon la promesse solemnelle que j'avais faite d'y arriver incessamment, pour m'y débotter. — Vous avez raison,

M. le Général, j'aurais dû vous y attendre ; mais pouvais-je prévoir ce qui est arrivé depuis? pouvais-je prévoir, lorsque la grande armée est entrée en campagne, que la grande armée irait si vîte en besogne? pouvais-je prévoir que les Français arriveraient si-tôt, et les Russes si-tard? pouvais-je prévoir que les Autrichiens mettraient autant de célérité à retourner en arrière, que les Français en ont mise à aller en avant? pouvais-je prévoir qu'un général *de Roi* se mettrait à la tête des troupes Bavaroises, et que, pour défendre la plus mauvaise cause du monde, ce Général aurait l'imbécillité de se faire donner un coup de pistolet? pouvais-je prévoir que les troupes Bavaroises se battraient aussi bien pour les Français, que les troupes Russes se sont mal battues pour nous? pouvais-je prévoir, sur-tout, que vous, M. le Général, maître de la forteresse d'Ulm, vous capituleriez avec trente-trois mille hommes de garnison, et que vous capituleriez sans coup férir? Je veux bien croire que cette capitulation est un acte de prudence de votre part, car on dit que, dans les occasions périlleuses, vous êtes d'une prudence extrême; mais pouvais-je prévoir le *supplément* ajouté à votre capitulation? *supplément* que j'étudie encore, et auquel je n'ai pu encore rien comprendre? Pouvais-je prévoir que l'Autriche, s'étant emparée de la Bavière, la Bavière ne resterait que peu de jours au pouvoir de l'Autriche, et que ces diables de Français rétabliraient dans ses possessions le prince usurpé, et puniraient le prince usurpateur ?

Vous vous plaignez de ce que je ne vous ai pas attendu à Paris qui n'est plus la capitale de la France, mais *le chef-lieu du globe*, comme le disait notre compatriote Anacharsis Cloots, de prophétique mémoire.... Doucement, M. le Général, ne me condamnez pas sans m'entendre. J'ai déjà eu l'honneur de vous dire que j'étais resté à Paris le plus long-tems que j'avais pu, espérant toujours que les Russes viendraient y détruire les douze ridicules municipalités qui, par les communications franches, loyales et immédiates, qu'el-

les ont avec les citoyens, conservent encore parmi eux
une égalité que j'abhorre ; et ces préfectures insolentes,
qui veillant nuit et jour à la sûreté du Gouvernement,
inspirent nuit et jour la terreur aux honnêtes gens de
notre parti, lesquels peuvent à la vérité conspirer dans
l'ombre pour notre magnanime maison d'Autriche,
mais qui n'ont jamais l'imprudence de prendre ouver-
tement les armes pour elle. J'ai déjà eu l'honneur de
vous écrire que je vous attendais de pied ferme rue de
Lille. Que dis-je ? J'ai cru que vous et l'armée Austro-
Russe viendriez me délivrer de toute cette canaille patriotique et philosophique. Est-ce ma faute à moi, si
vous n'êtes pas venu ? ne vous ai-je pas appelé par mes
vœux ; par mes lettres et par mes discours même ? ne
vous ai-je pas attendu jusqu'au dernier moment ? Est-
ce ma faute à moi, si l'Empereur Napoléon n'a point
quitté ses bottes pendant huit jours, et s'il a couché sur
la neige, sur la pierre ou sur une terre sale et bour-
beuse, lorsque moi je couchais dans un bon lit bien bas-
siné, et me promenais chaque jour dans un bon carosse
à ressorts bien liants, comme dit le valet du *Joueur* ?
Est-ce ma faute à moi, si cet Empereur est redevenu
soldat, comme il l'a fort bien dit lui-même à un offi-
cier de l'armée de notre valeureux Empereur ? Est-ce
ma faute à moi, si le roi de Suède, notre grand ami,
n'a fait que de l'eau claire en allant à Stralsund et dans
mille autres endroits, et si M. Pierrepoint, ministre du
roi d'Angleterre près de ce Roi voyageur, n'a fait aussi
que de l'eau claire, quoiqu'il domine sur le houlleux et
et turbulent Océan ? Est-ce ma faute à moi, si ce mau-
dit Dannemarck, que j'ai cherché à corrompre par mes
intrigues, a gardé une neutralité obstinée, et si le comte
de Buxganden, conduisant soixante mille Russes, est
venu échouer devant un général de division ? Vous
m'accusez, M. le Général, d'avoir quitté Paris ; mais
vous qui étiez, il y a sept ou huit ans, prisonnier sur
votre parole dans cette même ville, ne l'avez-vous pas
quittée aussi ? vous l'avez quittée clandestinement, ce
qui n'est ni loyal ni honnête ; moi, du moins, je suis

parti de Paris solemnellement et *coram populo*. Lequel de nous deux est le plus coupable ? J'ai dû quitter Paris, lorsque mon ministère de franchise et de douceur devenu inutile, aucune raison ne m'obligeait d'y rester plus long-tems. Mais vous qui étiez à Paris sur la foi de vos sermens ?.... de vos sermens !.... M. le Général ! est-il des verroux plus formidables ?

Tenez, M. le Général, soyons de bonne foi : si vous aviez quelques reproches à me faire, j'en aurais plus à vous faire encore ; mais je crois que ni l'un ni l'autre n'avons rien à nous reprocher, et qu'on nous a trompés l'un et l'autre. Nous commençons à être un peu vieux, M. le Général ; vous tenez vous à la vieille tactique militaire, et moi je tiens à la vieille diplomatie. Mais bon Dieu ! comme tout cela est changé !..... Comme, depuis la révolution française, il s'est élevé en Europe un nouvel ordre de choses ! nous avons voulu tromper tout le monde, et tout le monde nous a trompés. Louis XIV, déjà vieux, disait à Villars vieillissant et qui venait de perdre une bataille : *Monsieur le Maréchal, à notre âge on n'est plus heureux.* Voilà ce que nous pouvons nous dire.

Vous m'en demanderez la raison, peut-être : eh bien, faisons vous et moi notre confession générale. Nous aimons l'or vous et moi, n'est-ce pas ? vous en avez beaucoup reçu, et moi j'en ai reçu passablement. François II, votre auguste Empereur, a eu la faiblesse de vendre à l'Angleterre le sang de ses soldats ; l'Angleterre l'a acheté, mais elle nous a achetés aussi, et nous avons coûté bien davantage que ces quatre cent mille Alexandres payés à quatre sôls par jour, comme dit Voltaire. Nous sommes vous et moi de grands seigneurs d'Allemagne, nous avons nos trente-deux quartiers de noblesse bien comptés ; et tant vaut la bête, tant vaut l'homme, comme dit un vieux proverbe français. Je crois que vous êtes un homme, et même un grand homme ; mais qu'est-ce auprès de nous décorés l'un et l'autre de l'ordre de Marie-Thérèse et de plusieurs autres ordres d'Allemagne ? qu'est-ce auprès de nous que ces

quatre cent mille roturiers Allemands qui n'ont point
d'ayeux, et dont tout le mérite consiste à recevoir des
coups de fusil ? Il faut convenir que c'est-là un bien
petit mérite.

Je le répète donc, M. le Général, je crois que vous
êtes un grand homme, mais je crains bien que les dollars envoyés aux Russes par le cabinet d'Angleterre,
n'aient fait un demi-tour à gauche ou à droite pour entrer dans vos poches, et que vos poches trop surchar-
gées ne vous aient enlevé l'activité nécessaire à la dé-
fense de la citadelle d'Ulm. Car il faut qu'un général
soit actif pour triompher, et vous savez l'histoire de
l'âne chargé de reliques. Des dollars sont de belles reliques, sans doute, mais ils font glisser le pied, mais ils
font tourner la tête de celui qui les possède. Que dis-je ?
voici une excuse que je dois vous faire. Que vais-
je parler d'*âne* dans cette lettre écrite la veille de mon
départ et précipitamment ?..... Je sais bien que vous
n'êtes point un âne, M. le Général.

Quoi qu'il en soit, M. le Général, me trouvant tous
les soirs aux petits soupers de madame Grand. et voyant
que tout le monde y buvait à la santé de Napoléon,
Empereur des Français. j'y ai bu malgré moi à la vérité, et je vois bien que j'ai eu tort de faire le semblant
d'y boire. Je croyais que les Russes, troupes invincibles
et formidables, arriveraient tout droit à Paris, ayant
à leur tête Monseigneur le général Kutuzof, ou Monseigneur le général Michelson qui, dans les dernières
guerres, a fait couper le poing bravement à trois mille
gentilshommes Polonais ; je les attendais ici l'un ou l'autre, ou l'un et l'autre ensemble ; et puisqu'ils ne sont
pas arrivés, que puis-je faire ? Pouvais-je rester à Paris,
lorsque ma double patrie l'Autriche et la Russie taient
en danger ? Soyez sûr, M. le Général, que quand je me
fâche, j'ai du courage comme un autre que j'ai du
courage autant que vous, ce qui n'est pas peu dire, et
que je vais partir de Paris pour me mettre à la tête
d'une armée. César fut à-la-fois diplomate et guerrier,
pourquoi ne serais-je pas à-la-fois guerrier et diplomate ?

Je crains néanmoins ces diables de Français conduits par un homme qui est *tout*, c'est-à-dire *omnis homo*, comme le disent en latin nos chartres diplomatiques que tout l'univers a dû lire. Toute l'Allemagne et toute l'Europe même s'étaient déclarées contre cet *omnis homo* dont je parle ; l'argent de notre ami, M. Pitt, l'avait enveloppé d'une foule de liens imperceptibles, invisibles et indissolubles : nous avons cru qu'il ne pourrait pas remuer, et qu'il resterait étendu sur la place. Qu'a-t-il fait au contraire ? Tel que le célèbre capitaine *Gulliver*, dont vous connaissez *les voyages*, pour se débarrasser des petites chaînes qui le tenaient attaché contre la terre, il a fait semblant de dormir ; et se réveillant tout-à-coup, un seul éternûment lui a suffi pour briser toutes ses chaînes, et mettre en fuite tous les Lilliputiens...... Quel homme que celui à qui un seul éternûment suffit pour disperser ses ennemis, et prouver la santé la plus vigoureuse ? Vous êtes un peu podâgre, mon cher Général, je commence à l'être aussi : que faire contre un homme qui a la jambe forte et saine, et qui en trois fois quatre-vingt-dix heures, fait le trajet de Paris à Vienne?

N'avons-nous pas vu le Français, au commencement de la révolution, courir au feu comme à la gamelle ? ne l'avons-nous pas vu battre les Prussiens, les Autrichiens, les Russes, les Anglais, etc..... au son de vive le son, vive le son du canon. Je fais ici un pléonasme, mon cher Général, car *au son de vive le son* n'est ni harmonieux, ni correct ; mais comme vous ne parlez pas français mieux que moi, j'espère que vous m'excuserez. C'était pour vous dire, comme dit l'acteur Brunet chez la Montansier, c'était pour vous dire que la flamme patriotique n'était point éteinte chez les Français, quoiqu'ils aient un Empereur et qu'ils regardent leur Empereur comme le premier et le plus grand de tous les patriotes. *L'honneur et la patrie* étaient leurs devises avant la révolution, *l'honneur et la patrie* sont encore leurs devises. Nous les avons quelquefois battus, à la vérité, dans l'ancien régime, et principalement au siége de Prague ; mais avaient-ils à leur tête un Napoléon

Bonaparte ? avaient-ils des hommes tels que Murat, Bernadotte, Bessieres, d'Avoust, Ney, Soult, Augereau, Mortier, Lannes, Hullin, etc...; tous généraux devant lesquels les Autrichiens ont fui, comme jadis fuyait Thersite à l'aspect seul des pannaches d'Hector; tous maréchaux de deux jours, qui ne doivent leur noblesse qu'à la noblesse de leur ame, et leur grade qu'à leurs exploits; tous jeunes guerriers, en un mot, qui portent dans leur cœur l'expérience des plus vieilles têtes, et qui joignent la sagesse d'Annibal à l'intrépidité de Camille; tous généraux-soldats ou soldats-généraux, qui montent la garde quand il le faut, comme de simples fantassins; qui supportent la faim, la soif, les fatigues. sans se plaindre; qui dorment et couchent où ils peuvent; et à qui le plus souvent, dans cette guerre mémorable et rapide, leur manteau a servi de lit, et leur tente d'hôtellerie ? Ah ! je crains bien que tous ces grands guerriers, ayant à leur tête un guerrier plus grand encore, n'aient fait, en battant les Autrichiens, que *pelotter en attendant partie.* Les Autrichiens sont battus, que vont devenir les Russes? Ces Russes dont le nom seul me fait trembler; ces Russes qu'il *est plus facile de tuer que de vaincre*, comme le dit quelque part le philosophe Mercier; je crains bien qu'aucun d'eux n'en r'échappe.

Je quitte donc Paris, puisque la destinée l'ordonne; je quitte cette ville charmante, où je vivais si heureux et si tranquille. J'espère être bientôt rendu à Strasbourg, et de là j'aurai l'honneur de vous écrire de nouveau, pour vous offrir de nouveau l'hommage de mon respect et de mon admiration.

Signé, le Comte Philippe de **COBENTZL.**

PREMIER POST-SCRIPTUM.

J'avais promis de vous écrire de Strasbourg, M. le Général, m'y voici arrivé, et certes, j'aurais bien envie de vous écrire une longue lettre; mais je suis arrivé en poste, je vais être obligé de partir de même. J'ai à peine le tems de respirer, et je ne puis qu'ajouter un modeste post-scriptum à ma lettre de Paris, en date du 9 brumaire. Ciel! que de choses se sont passées durant mon voyage de Paris à Strasbourg, et que viens-je d'apprendre?... Le prince Murat vient de nous battre à Wertingen, où l'on dit que nous avons perdu beaucoup d'hommes, et l'on assure que l'Empereur des Français est près d'entrer à Vienne! L'Empereur des Français entrer à Vienne!..... Ce serait l'abomination de la désolation dans le sanctuaire. On ajoute cependant que le couvent de Molk, surnommé la *Maison de Fer*, et bâti par l'Empereur Commode, maison qui m'aurait été si commode pour faire mes observations ministérielles et diplomatiques; on ajoute que cette maison antique et célèbre, est devenue le quartier-général de l'Empereur des Français. O désespoir! ô rage!..... Cette maison qui renfermait des vins de Hongrie si délicieux, et du véritable vin de Tokai devenu si rare, serait devenue le quartier général des Français! et tous ces vins aussi recherchés que précieux auraient été bus par de misérables sans - culottes! par des gens qu'on appelle en France des *Citoyens*, tandis qu'il n'y a que des Comtes ou des Barons, tels que vous et moi, qui auraient dû... Pardon si la plume me tombe des mains, je n'en puis plus, je me meurs. Je tâcherai de vous écrire de Francfort, et j'espère bien que de Francfort je vous donnerai de bonnes nouvelles. En attendant, je vois défiler sous mes fenêtres les six mille prisonniers Autrichiens, faits à Memingen; ils retournent en France, ils sont plus heureux que moi.

DEUXIEME POST-SCRIPTUM.

De Francfort, le 3 frimaire an 14.

Que viens-je d'apprendre, M. le Général ? ces maudits Russes qui marchent comme des tortues, tandis que les Français arrivent au galop, ces maudits Russes ont refusé de se battre sur les hauteurs de Saint - Pollen (Saint-Hippolite) ; ces maudits Russes, ayant passé le Danube à Crems, l'ont repassé lâchement, et l'Empereur des Français est entré à Vienne, et les infâmes bourgeois de cette ville de Vienne, qui auraient dû s'opposer à l'invasion , ont refusé de se défendre ! et tous sont venus au - devant des Français en les embrassant et en les nommant du nom de frères ! et les dames et les demoiselles Autrichiennes ont aussi embrassé les Français, et leur ont offert des rafraîchissemens et tout ce qui pouvait leur plaire ! et les Français ont trouvé les dames Allemandes fort belles , ce qui est malheureusement très-vrai , et nos Dames et nos Demoiselles nous ont faits.... ce que vous savez.... que nous sommes. Pardon de la peine que je vous donnerai pour lire cette dernière phrase. Le papier est tellement inondé par mes larmes, que vous trouverez un pâté à chaque mot. Réveillons - nous cependant , M. le Général , sortons de notre assoupissement aussi lâche que ridicule , et espérons que nous serons bientôt vengés. Sa Majesté le Roi de Prusse garde la neutralité avec trois cent mille hommes sous les armes ; les Anglais viennent d'entrer à Bremen , malgré l'opposition du sénat et de la bourgeoisie , et ils y sont entrés par la protection du Roi de Prusse ; une partie de l'armée Prussienne y est entrée elle-même ; sept mille hommes de troupes Prussiennes sont entrés aussi dans la ville et le baillage de Minden.... O la belle neutralité ! la belle neutralité !.... C'est elle qui nous sauvera sans doute , M. le Général , c'est elle qui nous sauvera. Je me rappelle cependant que ces maudits Français ont battu les Prussiens, il n'y a pas long-tems, dans les plaines de Champagne, et je crains bien.... En attendant, M. le Général, dites-moi si je trouverai à Brûïn, en Moravie, un petit coin pour reposer ma tête; car on dit que notre Empereur s'y est retiré; si j'en trouverai un à Olmuts, supposé qu'il s'y retire; si j'en trouverai un à Dresde, supposé qu'il s'y retire; si j'en trouverai un, en un mot, en quelque pays qu'il se retire.

TROISIEME POST-SCRIPTUM.

Eh quoi! M. le général, que viens-je d'apprendre encore? l'Empereur des Français vient de nous prendre toute l'Autriche antérieure et tous les Fiefs impériaux, situés dans la Suabe....; la plus grande partie de la Bohême...; la haute et basse Autriche en entier; une partie de la Moravie; le Royaume de Hongrie qui se soumet librement à la France; la Styrie, la Carinthie, la Carniole, et une partie de l'Istrie; la totalité des états ci-devant Vénitiens; le Tirol en entier...; une population, en un mot, d'environ dix-huit millions d'hommes!... Faisons la paix, Monsieur le Général, mais faisons une paix platrée, une paix machiavélique, que nous puissions violer ou rompre au premier moment. Vous n'avez qu'un défaut, M. le Général, c'est d'être trop brave: contenez votre courage, mettez un frein à votre intrépidité; et tel que le grand Jupiter, ne laissez sortir la foudre de vos mains qu'au moment où il faudra écraser les Titans.

F I N.